Karin & Richard Bodingbauer

Buchstaben üben mit
Mandalas von A - Z

30 Mandalakopiervorlagen
mit vielen Wahrnehmungsübungen

VERITAS

Vorwort

Entstehungsgeschichte und Idee:

„Papa, ich brauch ein neues Mandala!" Dies waren die fordernden Worte unserer 5-jährigen Tochter Jana. Da alle Mandala-Malbücher und Vorlagen mehr oder weniger ausgemalt waren und wir den kreativen Tatendrang unserer Tochter unterstützen wollten, setzte sich mein Mann an den Computer und gestaltete sein erstes eigenes Mandala. Jana war mit dem Ergebnis zufrieden.
Nach diesem kleinen Erfolgserlebnis entstand für mich als Logopädin die Idee, Mandalas zusammen mit Buchstaben und Begriffen zu gestalten und sie als Therapiematerial einzusetzen.
Die Arbeit begann. Ich versuchte noch weitere Übungen aus dem akustischen und visuellen Wahrnehmungsbereich einzubauen. Als das Buch für uns „fertig" war, zeigten wir es dem Verlag.
Die Volksschulpädagogin Petra Ottenschläger setzte sich kritisch damit auseinander und wir arbeiteten ihre Verbesserungsvorschläge ein.

Ich möchte mich auf diesem Weg für alle Tipps und Ratschläge bedanken und hoffe, dass Sie beim Einsatz dieses Buches ebenso viel Spaß und Freude haben, wie wir bei der Gestaltung.

Zum Einsatz des Materials:

Wie schon erwähnt, war dieses Buch vorerst als Therapiematerial in der logopädischen Therapie gedacht, z.B. als Unterstützung in der Lauttherapie.
Nachdem das Kind zum Beispiel verschiedene mundmotorische Übungen für den zu erlernenden Laut nachgemacht hat, darf es zur Motivation einen Teil des Mandalas ausmalen. Das Kind soll den erlernten Laut dann im Wort anwenden.
Um das Buch auch als Lernmaterial für Kinder mit Teilleistungsstörungen im akustischen und visuellen Bereich einsetzen zu können, begann ich nun Übungen dafür zusammenzustellen. Diese dienen auch der Diagnostik. So kann man erkennen, welcher Laut bzw. Buchstabe noch nicht richtig gefestigt ist, das heißt welcher Bereich zusätzliches Einprägetraining nötig hat. Im Buch werden zu den Grundübungen immer noch weitere Möglichkeiten zur Förderung der optischen und akustischen Wahrnehmung und Differenzierung angeführt. Diese Zusatzübungen sind vor allem für Kinder gedacht, die Probleme mit den Grundübungen haben.

Außerdem können Defizite im Buchstabenbereich aufgearbeitet werden. In der Einzeltherapie lassen sich die verschiedenen Übungen vertiefen und intensiv bearbeiten.
Immer mehr erkannte ich, dass dieses Buch auch für PädagogInnen sehr wertvoll sein kann. Im Erstleseunterricht ist man sicher dankbar, zusätzliches Material zur Festigung des gerade erlernten Buchstaben zu haben.
Nach abgeschlossenem Buchstabenerwerb hat jedes Kind seine eigene vollständige Mandala-Mappe, die das ganze ABC enthält.
In der Entstehungsphase des Buches bemerkte ich in meinem Bekanntenkreis auch das Interesse der Eltern von 5-6-jährigen Kindergartenkindern, dieses Material als Vorübung für die Schule einzusetzen. Auch die Begeisterung meiner fast 6-jährigen Tochter Jana für diese Mandalas und die dazugehörigen Übungen sprechen dafür.
Der Einsatz ist daher sehr vielfältig und immer offen für neue kreative Ideen.

Allen Interessierten wünsche ich mit diesem Buch ein erfolgreiches, die ganzen Sinne umfassendes Arbeiten mit Lauten und Buchstaben. Ich hoffe, Sie finden als Eltern, LehrerInnen und TherapeutInnen viele lustige Einsatzmöglichkeiten bei ihren Kindern und SchülerInnen. Der eigenen Kreativität im Unterricht bzw. bei spezieller Förderung sind keine Grenzen gesetzt! Es stehen alle Sinne bzw. Türen offen!

Dipl. Log. Karin Bodingbauer

Buchstaben üben mit Mandalas von A-Z

Mit allen Sinnen begreifen und verstehen ist ein wichtiges Ziel in der Grundschulpädagogik. Dieses Buch kann vielfältig und unterstützend bei der Erarbeitung von Lauten und Buchstaben eingesetzt werden:

- für LehrerInnen in der 1. und 2. Grundschulstufe
- für LogopädInnen und SprachheillehrerInnen
- für Eltern

Mandalas auszumalen erfordert hohe *Konzentration* und *Handgeschicklichkeit*. Es fördert die *Auge-Hand-Koordination*. Beim Ausmalen gibt es keine Regeln. Jedes Kind kann selbst entscheiden, wo und wie es beginnt, welche Farben es wählt und mit welchen Stiften es arbeitet.
Die eigene freie Kreativität und Fantasie entscheidet. Auch das Ende der Arbeit bestimmt das Kind, es muss nicht immer perfekt ausmalen. Mandalas verlangen keine Vollkommenheit. Während der Arbeit herrscht konzentrierte Stille. Das Kind soll mit seinem Mandala im Tanz um den Mittelpunkt versinken.
Wenn man das gleiche Mandala von verschiedenen Kindern ausmalen lässt, wird man über die Vielfalt der Möglichkeiten staunen.

Einsatzmöglichkeiten der Mandalas im Unterricht

- **Aufmerksamkeitsübung:** Zu jedem Buchstaben bzw. zu jedem Laut gibt es eine *Mandala-Kopiervorlage*. Im Mandala sind immer ein Buchstabe und Begriffe versteckt, die mit diesem Anlaut beginnen. Da in manchen Mandalas der gesuchte Buchstabe noch zusätzlich als Linie oder unvollständig vorkommt, wird hier besonders die genaue Beobachtung und die optische Aufmerksamkeit der SchülerInnen geschult. Die Lehrerin oder der Lehrer nimmt für das zusätzliche Einprägen des gerade erlernten Buchstaben die richtige Mandalavorlage. Jede Schülerin und jeder Schüler erhält eine Kopie.
  Die Lehrperson lässt die SchülerInnen den gesuchten Buchstaben im

Mandala ausfindig machen. Auf diese Weise wird die *Figur-Grund-wahrnehmung* geschult. Nachdem eine Schülerin oder ein Schüler bzw. die Pädagogin oder der Pädagoge die einzelnen Bilder benannt haben, sollen sie Ähnlichkeiten erkennen: Jedes Wort beginnt mit demselben Anfangslaut. Daher ist diese Übung für die *akustische Aufmerksamkeit* geeignet.

- **Mandala ausmalen:** Das *Ausmalen des Mandalas* bedeutet eine hohe Anforderung an die *Konzentration, Ausdauer* und *Auge-Hand Koordination.* Die Schülerin oder der Schüler wird grafomotorisch gefordert: Sie oder er lernt innerhalb der Linien zu bleiben. Die Linienstärke ist so gewählt, dass es den SchülerInnen möglichst leicht fällt die Malgrenze zu erkennen und einzuhalten. Besonders eifrige und schnelle SchülerInnen betrachten diese Übung als *kreative* und *lustige Zusatzbeschäftigung*, während die anderen ihre Aufgabe ungestört zu Ende bringen. Das gemeinsame Beenden ist auch kein Problem, da ein Mandala nie „unfertig" sein kann.
  Das Mandala kann auch als *Entspannungsübung* nach anstrengenden Lernphasen und bei unruhigen Zeiten eingesetzt werden oder als *Stilleübung* zur Förderung der *Konzentration*. Beim Ausmalen entsteht spielerisch und unbewusst eine Beziehung zwischen Buchstabe und Laut.

- **Reizwortgeschichte:** Reizwortgeschichten fördern spielerisch die sprachliche Ausdrucksfähigkeit, da die Schülerin oder der Schüler zu Begriffen auf dem Mandala Geschichten erfinden soll (z.B. zu Affe-Apfel-Acht). Dabei wird auch die akustische Merkfähigkeit geschult, denn sie oder er soll die Wörter im Gedächtnis behalten.

- **Silbendifferenzierung:** Bei dieser Übung erfahren die SchülerInnen auf akustischem Weg, dass sich Wortlängen unterscheiden: Die SchülerInnen klatschen mit jeder Silbe eines Wortes mit, z.B: beim E-Mandala E-le-fant, En-te, Erd-bee-re, usw.

- **Mandalaleine:** Alle erlernten Buchstaben werden auf eine Leine gehängt. Die SchülerInnen sehen, welche Buchstaben sie schon erlernt haben. Mit der steigenden Anzahl der Buchstaben bemerken sie auch ihren Lernfortschritt, was eine zusätzliche Motivation darstellt. Durch die Verbindung mit den Begriffen werden die Buchstaben automatisch gefestigt.

Weitere Ideen für den Unterricht -
was kann man mit Mandalas noch machen?

- **Mandalas legen:** Das Gestalten von Mandalas eignet sich aber auch für Gemeinschaftsarbeiten in der Klasse; z.B. Buchstaben aus Plastilin formen, Begriffe zum Buchstaben aus Zeitschriften ausschneiden, mit Mugelsteinen oder Zündhölzchen Konturen legen und so ein riesiges, gemeinsames Mandala „zaubern"...
  Dafür müssen die SchülerInnen aufeinander Rücksicht nehmen und vorher einen gemeinsamen Plan entwerfen, was das Zusammengehörigkeitsgefühl in der Klasse stärkt.

- **Muttertagsbillet:** Aus dem Mandala des Anfangsbuchstaben der Mutter können die SchülerInnen ein Billet basteln.

- **Großmandala:** Für ein Schulfest o.ä. lässt sich aus den Anfangsbuchstaben aller SchülerInnen ein Großmandala gestalten.

- **Mandalas im Sachunterricht:** „Jeder ist anders - Jeder ist einzigartig". Zu diesem Thema kann jede Schülerin oder Schüler im Sachunterricht ein und dasselbe Mandala ausmalen.
  Nachdem die Mandalas vermischt worden sind, sollen die SchülerInnen zu jedem Mandala die richtige „Künstlerin" oder den richtigen „Künstler" ausfindig machen. Dabei wird spielerisch die optische Merkfähigkeit trainiert.

Einsatzmöglichkeiten der Übungen im Unterricht

- **Festigung des erlernten Buchstabens bzw. Lautes:** Auf der gegenüberliegenden Seite der Mandalavorlage sind jeweils zwei bis drei Übungen angeführt. Sie dienen zur *Unterstützung des Einprägeprozesses.*
  In den verschiedenen Übungen wird nur mit dem Mandalabildmaterial gearbeitet. Es handelt sich um Wörter aus dem Sprachschatz eines Schulkindes. Einzelne Begriffe, die den SchülerInnen noch nicht bekannt sind, müssen erarbeitet werden und dienen dem *Erweitern des Wortschatzes* und der Verbesserung des Sprachausdrucks z.B. Ananas, Anker, Europa, Euter, Iglu, Pyramide, Kamel, Qualle, ...

- **Offenes Lernen:** Die gegenüberliegende Seite des Mandalas kann kopiert in drei Teile geschnitten werden. Diese drei Übungen lassen sich nun im Stationsbetrieb einsetzen. Die SchülerInnen absolvieren je nach Tempo und Geschicklichkeit die verschiedenen Stationen. Wer fertig ist, darf z.B. beginnen das Mandala auszumalen.

Erläuterung zu den Übungen:

Die Lehrerin oder der Lehrer bespricht zu Beginn die Übungen mit den SchülerInnen, bis sie die einzelnen Aufgaben verstanden haben. Danach können die SchülerInnen Übung 1 und 2 relativ selbstständig durchführen. Vor allem Übung 2 können sie bald alleine machen.

Bei Übung 3, dem *akustischen Differenzieren* ist es sinnvoll, wenn die Lehrerin oder der Lehrer die einzelnen Wörter zuerst richtig vorspricht und die Schülerin oder der Schüler entscheidet, ob sie oder er den gesuchten Laut hört. Dadurch lassen sich Fehler in der Aussprache oder bei der Wortwahl vermeiden.
Diese Übung eignet sich auch als Partnerübung. Das akustische Differenzieren ist leichter, wenn das Wort vorgesprochen wird. Später soll die Schülerin oder der Schüler für sich selbst erkennen, ob es den Laut hört. Die weiterführenden Ideen werden dann wieder gemeinsam bzw. in Kleingruppen durchgeführt.

1. Übung: Laut-Buchstaben-Zuordnung

Die Schülerin oder der Schüler setzt das zum Laut passende Buchstabensymbol ein. Zuerst kann es den grauen Buchstaben nachziehen und nach öfterem Üben bei den letzten Wörtern selbst einsetzen. Auf diese Weise entsteht eine Beziehung zwischen Wort und Bild. Die Schülerin oder der Schüler sollte jedoch schon mit den Buchstaben vertraut sein. Dafür stehen viele verschiedene Möglichkeiten zur Auswahl:

Möglichkeiten zum *Einprägen eines Buchstabens:*

- einen Sandpapierbuchstaben nachfühlen
- einen Buchstaben aus Wolle nachlegen und befühlen
- mit einem Seil einen Buchstaben legen und nachgehen, zuerst mit offenen Augen, dann blind
- einen Buchstaben auf dem Rücken oder auf der Hand erspüren
- einen Buchstaben in die Luft oder an die Tafel schreiben
- einen Buchstaben mit dem Körper nachbauen
- einen Buchstaben mit Plastilin formen oder mit Kreide malen
- einen Buchstaben in den Schnee trampeln
- einen Buchstaben in den Sand schreiben und erspüren

Je vielfältiger und intensiver ein Buchstabe kinästhetisch erfahrbar gemacht wurde, desto besser wird er gespeichert und erlernt.
Die erste Übung ist hauptsächlich als *Einsetzübung* gedacht. Die SchülerInnen können den Buchstaben einfügen und erkennen, dass ein Wort entsteht.

Zusatzübungen:

- **Lese - Schreibübung:**

Wenn die SchülerInnen schon lesen können, ist diese Übung auch als *Lese-* bzw. *Schreibübung* einsetzbar.
Die Bildleiste wird abgedeckt und das Schulkind versucht das Wort zu lesen. Zur Korrektur kann die Bildleiste wieder aufgedeckt werden.
Als Schreibübung wird die Wortleiste abgedeckt und zu dem jeweiligen Bild soll die Schülerin oder der Schüler das richtige Wort schreiben.

- **Wort - Bild - Memory**:

Wenn die Lehrerin oder der Lehrer diese Übungen im Stationsbetrieb einsetzt, lässt sich daraus leicht ein *Memory* herstellen. Es werden die Wörter und Bilder ausgeschnitten, auf einen Karton geklebt und als Memory verwendet. Je mehr Buchstaben erarbeitet wurden, umso mehr Wort- und Bildpaare werden zum Memory-Spielen verwendet.

2. Übung: Optisches Differenzieren.

In der 1. Reihe sollen die SchülerInnen nur die Großbuchstaben suchen und einkreisen oder durchstreichen, in der 2. Reihe alle Kleinbuchstaben und in der 3. Reihe die Groß- und Kleinbuchstaben. Diese *Suchübung* erfordert hohe Konzentration. Außerdem trainieren die SchülerInnen dabei die *Lese-Schreibrichtung*.

SchülerInnen mit Raum-Lage-Problemen haben Schwierigkeiten optisch ähnlich aussehende Buchstaben zu unterscheiden. Bei dieser Übung erkennt die Lehrerin oder der Lehrer sofort Probleme einer Schülerin oder eines Schülers in diesem Wahrnehmungsbereich.

Diese SchülerInnen brauchen zusätzliche Förderung im Unterricht bzw. in der Einzeltherapie.

Zusatzübungen zur Förderung der optischen Wahrnehmung und Differenzierung:

- Bausteine oder Knöpfe nach Farben, Formen, Größen sortieren
- Bildpaare so schnell wie möglich aus einem Memoryspiel finden
- Suchbilder aus Zeitschriften sammeln und ausarbeiten lassen
- Figuren nachbauen lassen (aus Duplo, Lego, Streichhölzern, Bohnen, ...)
- Detektivspiel „Was ist anders?": Zwei SchülerInnen nehmen die gleiche Stellung ein. Dann ändert eine Schülerin oder ein Schüler leicht ihre oder seine Position. Eine dritte Schülerin oder ein dritter Schüler muss nun den Unterschied erkennen.

Diese Übungen lassen sich immer wieder relativ unproblematisch und ohne viel Aufwand in den Unterricht einbauen und fördern die optische Wahrnehmung und Differenzierung ungemein. Einzelne Übungen kann die Lehrerin oder der Lehrer gut als Station beim offenen Lernen einbauen.

3. Übung: **Akustisches Differenzieren:**

Ganz wichtig für das Schreibenlernen ist auch das *akustische Differenzieren ähnlich klingender Laute.* Die Schülerin oder der Schüler soll erspüren, wo der Laut im Mund sitzt. Durch eigenes Vorsagen wird der Laut akustisch analysiert. Die Schülerin oder der Schüler muss hören, ob ein Begriff den gesuchten Laut enthält, dann darf sie oder er das richtige Symbol ankreuzen. Als weitere Schwierigkeitsstufe kann die Schülerin oder der Schüler auch heraushören, ob der Laut am Anfang, in der Mitte oder am Ende des Wortes ist.

Bei der 3. Übung fallen SchülerInnen mit Störungen im Teilleistungsbereich *akustische Aufmerksamkeit* und *Differenzierfähigkeit* auf.
Bei Problemen in diesem Bereich lassen sich im Unterricht oder in der Einzeltherapie viele Übungen anwenden.

Zusatzübungen zur Förderung der akustischen Wahrnehmung und Differenzierung

Geräusche aus dem Alltag erkennen und differenzieren:

- Die SchülerInnen sitzen ganz aufmerksam da und horchen auf Geräusche ihrer Umgebung. Jede Schülerin und jeder Schüler soll sich ein oder mehrere Geräusche merken und nach einer bestimmten Zeit darüber erzählen.
- Die SchülerInnen sitzen im Kreis und die Lehrerin oder der Lehrer macht verschiedene Geräusche, z.B.: mit dem Schlüsselbund scheppern, den Wasserhahn aufdrehen, mit der Kreide an der Tafel schreiben, Papier rascheln, mit der Schere schneiden, ...
- Verschiedene Geräusche können auf Tonband aufgenommen werden. Auch die SchülerInnen sollen sich verschiedene Geräusche einfallen lassen und vormachen. Anschließend sollen die SchülerInnen erraten, was sie gehört haben.

Geräuschquellen orten:

- Die SchülerInnen sitzen im Kreis und haben die Augen geschlossen. Eine Schülerin oder ein Schüler wird von der Lehrerin oder vom Lehrer ausgewählt und schleicht in die Mitte. Die anderen SchülerInnen müssen die Anschleichrichtung orten.
- Im Turnsaal bzw. Klassenzimmer wird ein tickender Wecker, eine Spieluhr oder ähnliches versteckt. Eine Schülerin oder ein Schüler darf danach suchen.

- Mithilfe von Musikinstrumenten sollen die SchülerInnen Unterschiede in Tonhöhe, Dauer und Lautstärke eines Tones wahrnehmen lernen. Diese akustischen Wahrnehmungen können sie auch schriftlich umsetzen; z.B.: hohe Töne werden als Punkte über, tiefe Töne als Punkte unter einer Linie gezeichnet, lange Töne erhalten einen langen Strich u. ä ...
  Differenziertes Hören ist zur Unterscheidung von B-P, D-T, G-K unbedingt notwendig.
- Die SchülerInnen klatschen die Silben von Wörtern mit.
- Die SchülerInnen sollen einen vorgegebenen Klopfrhythmus erkennen oder nachklopfen.
- Die SchülerInnen sollen ein bestimmtes Wort aus einer Geschichte heraushören. Die Lehrerin oder der Lehrer liest eine kurze Geschichte vor und die SchülerInnen müssen zählen, wie oft sie ein Wort hören; z.B. das Wort „WALD" in folgender Geschichte:
  „Im WALD wohnen viele Tiere. Das Reh, der Fuchs auch die Eule sind WALDbewohner. Auf dem Weg durch den WALD treffen wir viele interessante Dinge. Im WALD darf man kein Feuer anzünden, das wäre gefährlich, weil die Flamme auf die Bäume übergreifen könnte. Dann brennt der ganze WALD und die WALDtiere hätten keine Heimat mehr ..."
  Schwieriger wird es, wenn man zwei bzw. drei Wörter heraushören muss.

Jetzt wünsche ich allen viel Spaß mit den Mandalas und den Übungen, denn nur wer mit Spaß und Motivation lernt, lernt mühelos und schnell!

Wortliste zu den Mandalas:

A: Acht, Affe, Ananas, Anker, Apfel
B: Ball, Banane, Bär, Brille
C: Chinese, Christbaum, Clown, Computer
D: Dackel, Dalmatiner, Daumen, Dose, Drache
E: Elefant, Engel, Ente, Erdbeere
F: Feder, Fernseher, Fisch, Flugzeug, Frosch, Fuß
G: Gabel, Gießkanne, Gitarre
H: Hahn, Hand, Hase, Herz, Hund, Hut
I: Igel, Iglu, Indianer
J: Jacke, Jaguar
K: Kamel, Katze, Kirsche
L: Lampe, Lokomotive, Löffel, Löwe
M: Milch, Moped, Mond, Mund, Muschel
N: Nase, Nilpferd, Nikolaus
O: Ohr, Orange, Osterei, Osterhase
P: Papagei, Paprika, Pinguin, Pyramide
Qu: Qualle, Quadrat
R: Rad, Ring, Rollschuh, Rose
S: Socken, Sonne
T: Taschenlampe, Telefon, Tisch, Tomate
U: Ufo, Uhr, Uhu
V: Vier, Violine, Vogel
W: Wal, Waschmaschine, Weintraube, Wurst, Würfel
X: X-Beine, Xylophon
Y: Yoyo, Ypsilon
Z: Zahn, Zebra, Zelt, Zitrone
Sch: Schaf, Schere, Schirm, Schneemann, Schwein
Au: Auge, Auto
Ei: Ei, Eichhörnchen, Eins, Eis
Eu: Europa, Euter

A

A

1. Setze A / a ein:

Affe Ananas .pfel .nker

2. Suche A und a:

W A V X W V X A W A A V W X V

a b o b a b a a o b a o o b a o o b a a b o

b o A V a A W X b o a a o X W b A o W

3. Wo hörst du ein A / a ?

1. Setze B / b ein:

Bär   Brille   .all   .anane

2. Suche B und b:

R B P R B P R B B P R R P B P R

g d p b p g b b d p g b d p b g d p p d p g b

p B d R b g d P B b g R d P B p b B p

3. Wo hörst du ein B / b ?

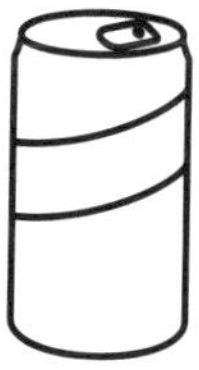     

☺ ☹   ☺ ☹   ☺ ☹   ☺ ☹   ☺ ☹   ☺ ☹

C

1. Setze C / c ein:

Computer Clown .hinese

2. Suche C und c:

C S G D C D G C S C G S C D G C

c e s a e s c e a s c c e a a e c s e c s a e

D c e G S C a e D c C a G S e C c e

D

1. Setze D / d ein:

Dose Daumen .ackel .rache

2. Suche D und d:

B D P P D P B P D B B D D P B D

p h d g p b d g h d p b g d h g d g g p d h d

b D d g P p d D h B p g d D p g P b D

3. Wo hörst du ein D / d ?

   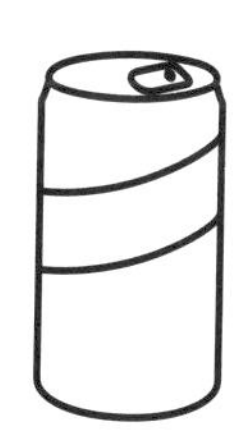 

☺ ☹ ☺ ☹ ☺ ☹ ☺ ☹ ☺ ☹

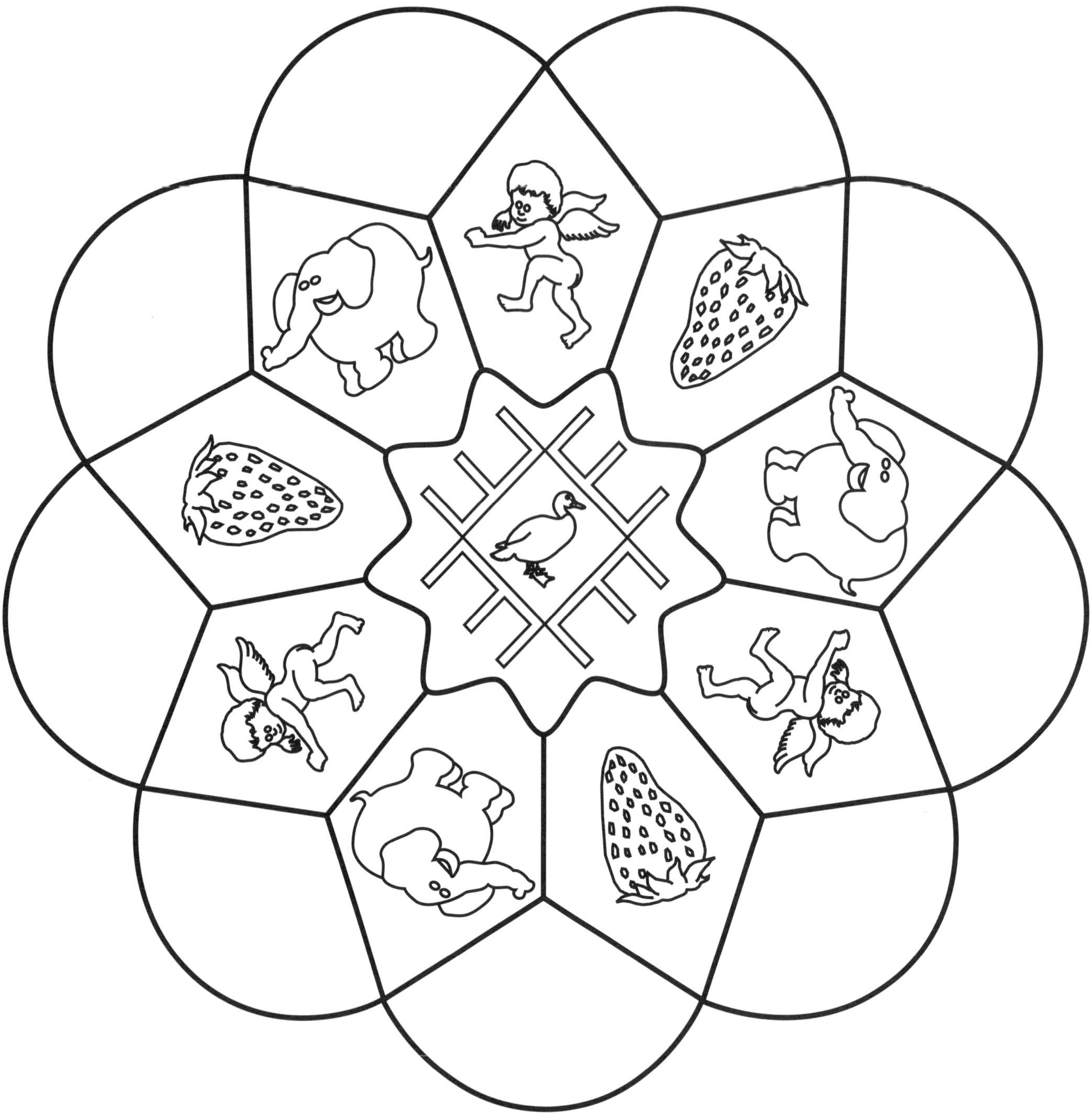

E

1. Setze E / e ein:

Erdbeere Engel .l.fant .nt.

2. Suche E und e:

F E Z F E E Z F E E Z F F Z E F

a e c e a c a c e e c a e c e c a a e e c a e

F e a Z c a e E F Z E a c e c a F E e Z

3. Wo hörst du ein E / e ?

   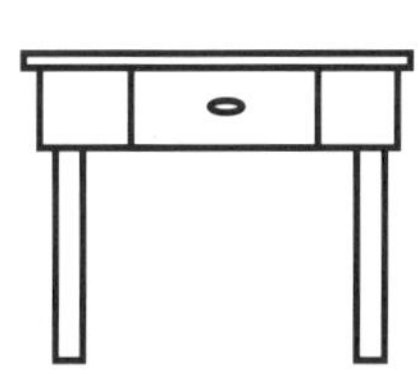  

F

1. Setze F / f ein:

Fisch   Feder   .rosch   .lugzeug

   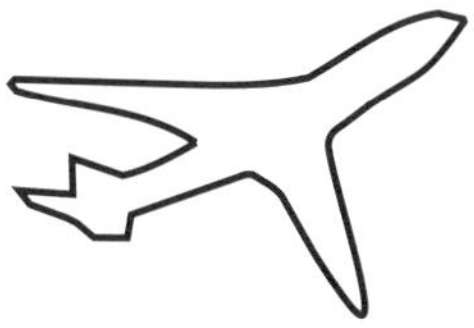

2. Suche F und f:

E H F E H F E F E H F F E H H F

l t f t l f l t t f l t f t f f l t f l t f t t l f l l t f f f

f F H t l E F t l f f t l E F H t f l E H f

3. Wo hörst du ein F / f ?

 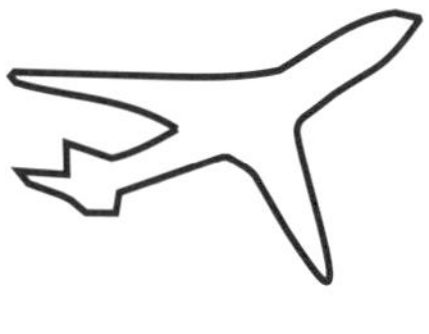    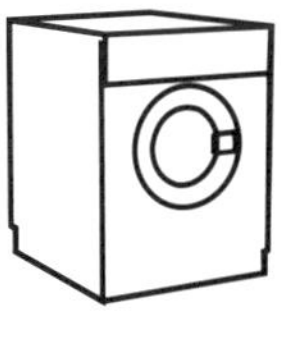

G

1. Setze G / g ein:

Gießkanne Gabel . itarre

2. Suche G und g:

C R G G R C R R G C R G C G C

p g q g q p g p q p g g q p g p g q p g g q p

R G g p C q p g G g C R G C q G g p

3. Wo hörst du ein G / g ?

H

1. Setze H / h ein:

Hahn Herz Hund .ut .ase

2. Suche H und h:

T H A T A T H T A H H A A T H A H

h d b h b d b h d b h h d b h d d b d h d h

b H h T A b h T H b d h h A h d H A b

3. Wo hörst du ein H / h ?

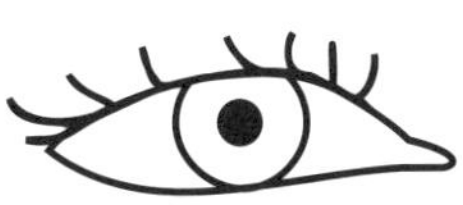    

I

1. Setze I / i ein:

Igel Indianer .glu

2. Suche I und i:

L J I J J L I I J L I J I I L L J I L I L

j r i j i j r j r r i i j r i j i i r j i r r j i i r j r i j r j

I J j l r j i l r j L L l r j J L i I i J l J L i

3. Wo hörst du ein I / i ?

    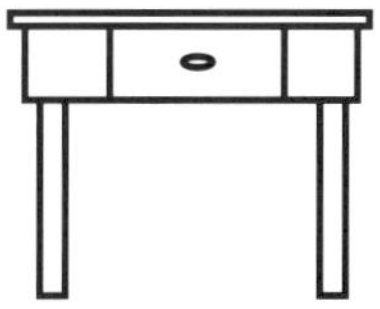

1. Setze J / j ein:

Jacke .aguar

 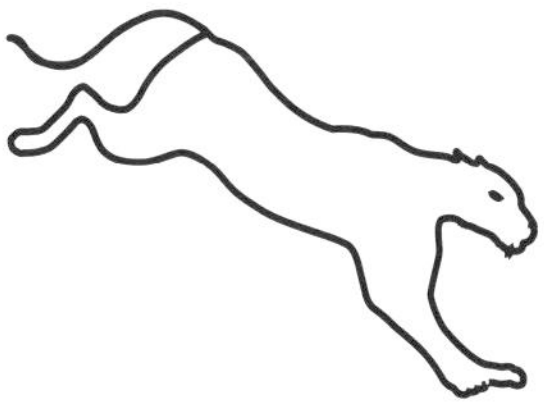

2. Suche J und j:

J S U U J U S U J J S S U J S U

j l i j l j i j l l j i l j i l j i l i j j i l j l l i j j l i l

S u j i J l J j i S l i l U J j j J S l J S l j

3. Wo hörst du ein J / j ?

☺ ☹ ☺ ☹ ☺ ☹ ☺ ☹ ☺ ☹

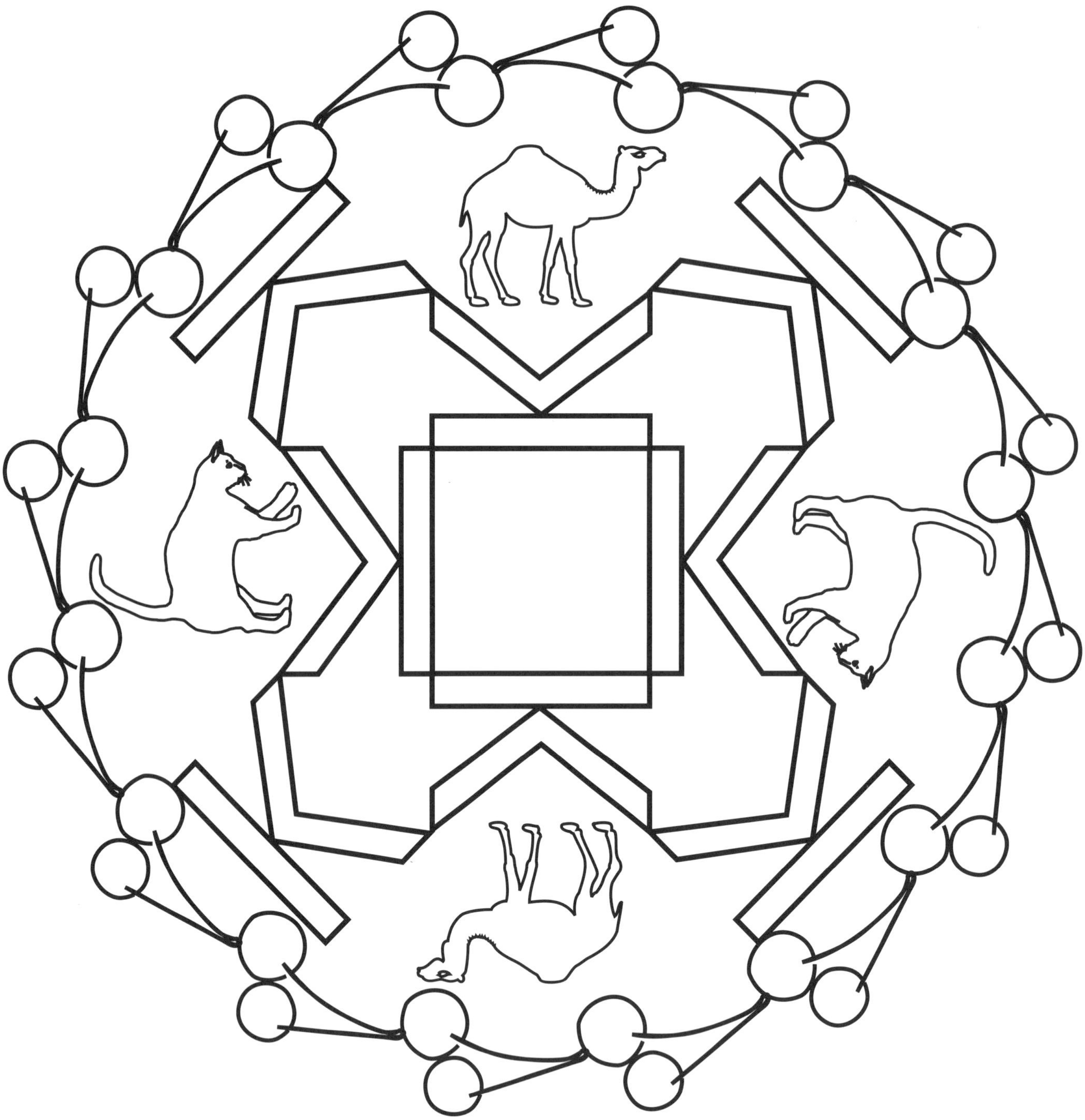

K

1. Setze K / k ein:

Kirsche Kamel .atze

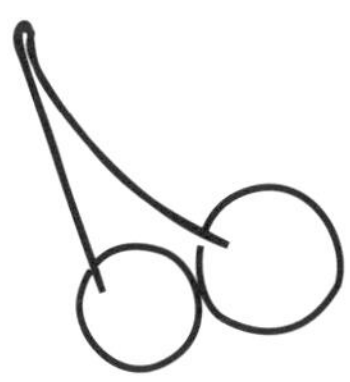  

2. Suche K und k:

X F K Y K X F Y K F X K F X Y K F

t k k l t k l k t t l t l k k l t k l k t l k t l t l t

X K k t t Y l K F k K X Y X l l t k Y l

3. Wo hörst du ein K /k ?

☺ ☹ ☺ ☹ ☺ ☹ ☺ ☹ ☺ ☹

1. Setze L / l ein:

Lokomotive Löffel .öwe

2. Suche L und l:

J T L L T J J T L T J L J L J L T J

k l t f k t k t l f l t k f l f k t k f l l l t f k t l

T l L k f J J l t T k L l J f T T l k l L f

3. Wo hörst du ein L / l ?

M
M
M
M

M

1. Setze M / m ein:

Milch Mond .oped .uschel

2. Suche M und m:

N W M N M M W N M W N M W M W

n u m u n m m u n n u n m u n m u m m u

M m W u n N W M n m m u M W n u m

3. Wo hörst du ein M / m ?

    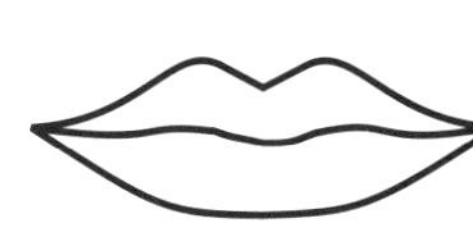

N

1. Setze N / n ein:

Nikolaus Nilpferd .ase

2. Suche N und n:

N H V M N H V V H M N V H N W V

v u n r v n r u v u n v u n r v n v u n r u n n

H n W v n N u v N r H u v n M n H v u

3. Wo hörst du ein N / n ?

    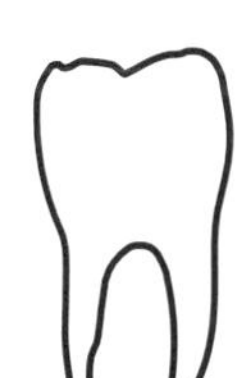 

☺ ☹ ☺ ☹ ☺ ☹ ☺ ☹ ☺ ☹ ☺ ☹

O

O

1. Setze O / o ein:

Osterhase Orange .hr .sterei

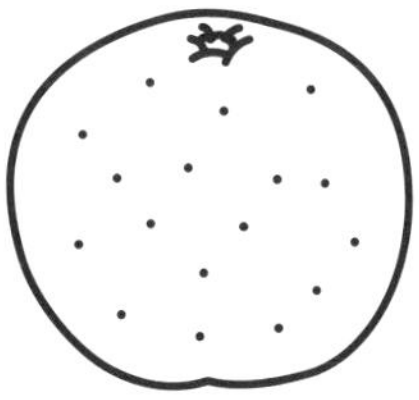

2. Suche O und o:

U Q O U Q O U Q U O Q U O U Q

o c a a o c c o a c o a o o c a c a o c c a

O c Q U o a c O a U c Q a o o Q O o a

3. Wo hörst du ein O / o ?

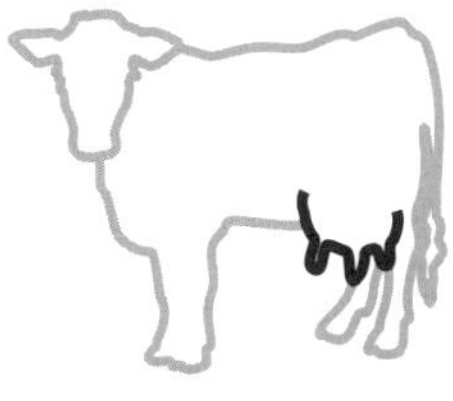

P

1. Setze P / p ein:

Pinguin Papagei .a.rika .yramide

 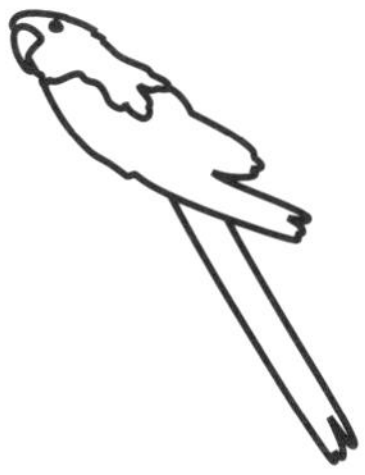  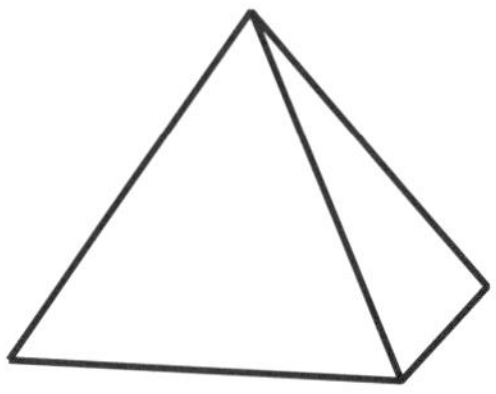

2. Suche P und p:

B P R P B P R B P B P R B P R B

p g q q g q q g p p g q p p g q q g p q p g

q B P R g q g p P p R q g q q B g R p

3. Wo hörst du ein P / p ?

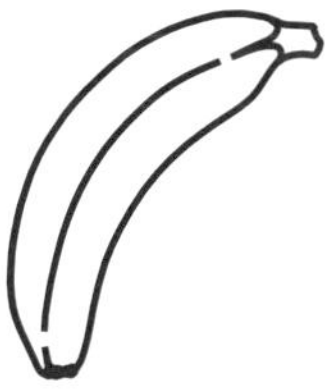     

☺ ☹ ☺ ☹ ☺ ☹ ☺ ☹ ☺ ☹ ☺ ☹

Qu
Qu
Qu
Qu

Qu

1. Setze Qu / qu ein:

Qualle . . adrat

2. Suche Qu und qu:

GuOQuQuGOOuGQuQuGQuOQuGQuGu

gpqugugpgpupququgpqpqupgququpg

QuquppugquOGuOQuQuququpQuGqug

3. Wo hörst du ein Qu / qu:

☺ ☹

☺ ☹

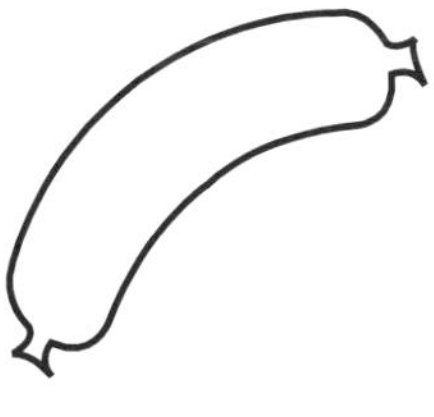

☺ ☹

☺ ☹

R

1. Setze R / r ein:

Rad Rose .ollschuh

2. Suche R und r:

B K P R K B K P R R K B P R K B

e n r n r e e r n r n e r n e e r n r e e n r

P r R K B n e K R e r n R n e r K r R

3. Wo hörst du ein R / r ?

☺ ☹ ☺ ☹ ☺ ☹ ☺ ☹ ☺ ☹

S

1. Setze S / s ein:

Sonne Socken .onnenbrille

2. Suche S und s:

S G Z G Z S G Z S G Z S G Z S G

s u c c s u u c s s c u s c u s u c c u s c s

Z S c s u Z c u s s G G S s Z u S c u

3. Wo hörst du ein S / s ?

    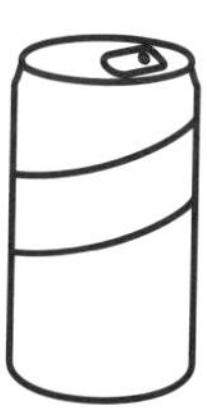

☺ ☹ ☺ ☹ ☺ ☹ ☺ ☹ ☺ ☹

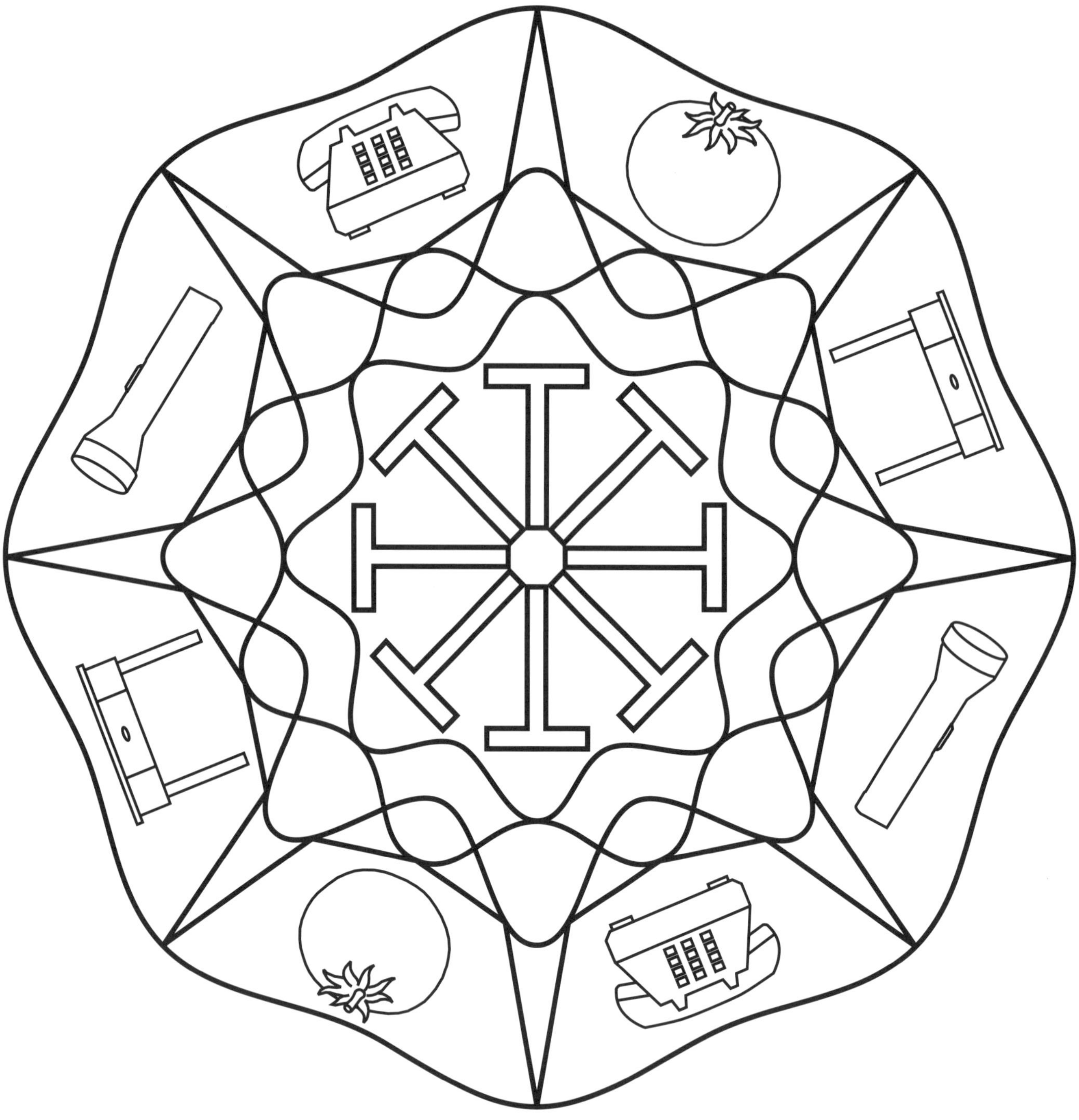

T

1. Setze T / t ein:

Telefon Tomate .isch

  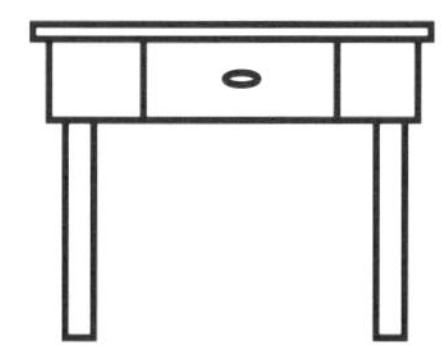

2. Suche T und t:

L T J J F T T L F F T J L T F L T

l f t f t l l f t t f t l f t l f l t f t l f t l f f t l f t

L J t F t l J F T t L F T L t t l f t L l f

3. Wo hörst du ein T / t ?

☺ ☹ ☺ ☹ ☺ ☹ ☺ ☹ ☺ ☹ ☺ ☹

12
3
6
9

1. Setze U / u ein:

Uhr Uhu .fo

2. Suche U und u:

J U V U V J U V U U J V U J V U

n v u n v u u n v u v n u v n u u v u n v u n

v n J U V u n J V u U n v J V n v n J u

3. Wo hörst du ein U / u ?

  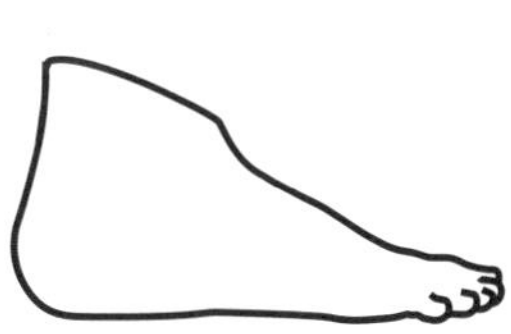  

☺ ☹ ☺ ☹ ☺ ☹ ☺ ☹ ☺ ☹

4

V

1. Setze V / v ein:

Vier Vogel .ioline

2. Suche V und v:

A W V U V A V V W U V W V A W

v w u v u w u v u w v v u w v u w v u w v

W V u v A u V v W w V U A V u v W

3. Wo hörst du ein V / v ?

☺ ☹ ☺ ☹ ☺ ☹ ☺ ☹ ☺ ☹

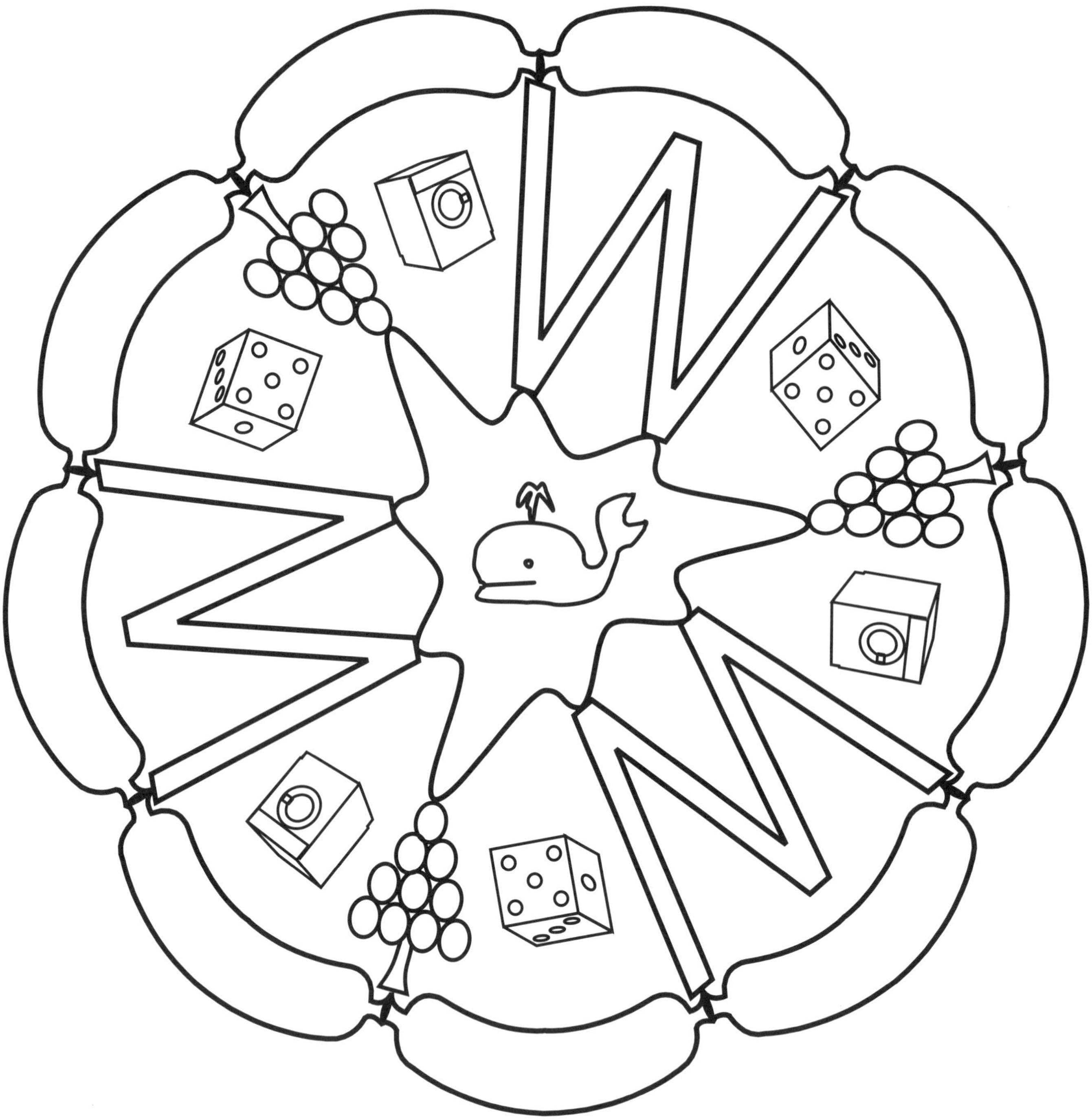

1. Setze W / w ein:

Wurst Waage .al .eintraube

   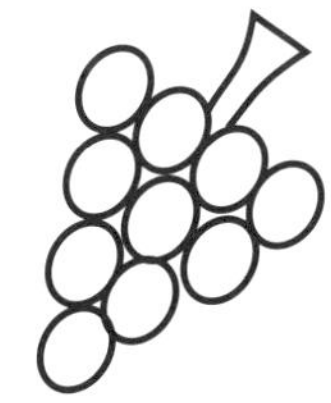

2. Suche W und w:

X V W Y V W X W Y V X W Y V W

v w y v y w w y v y w v y v w v y y v w y v

X Y w V v W X Y v w v W y Y w v Y v

3. Wo hörst du ein W / w ?

  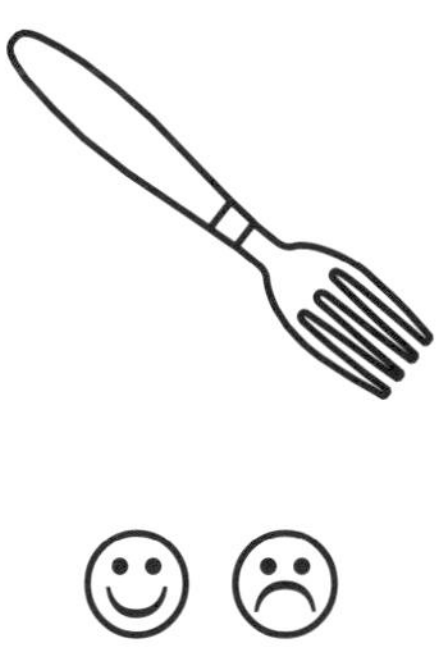  

X X
X
X X

X

1. Setze X / x ein:

X-Beine

. ylophon

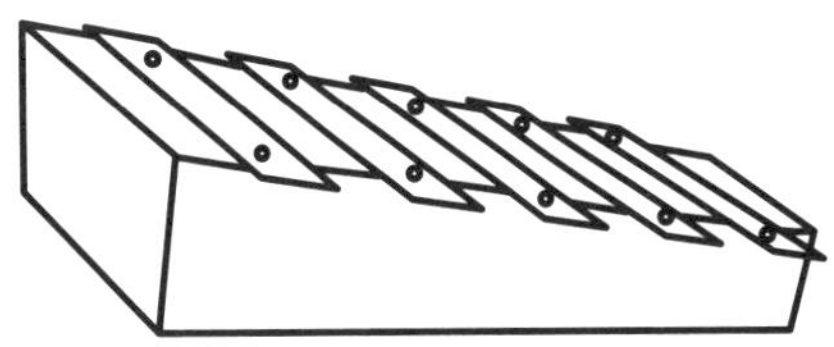

2. Suche X und x:

K H X K H X K H H X X K H X K

w y v w x x w v x y v x w v x y x y x y w v

Y K x v X w H K v w x H Y K x v X y

3. Wo hörst du ein X / x ?

☺ ☹

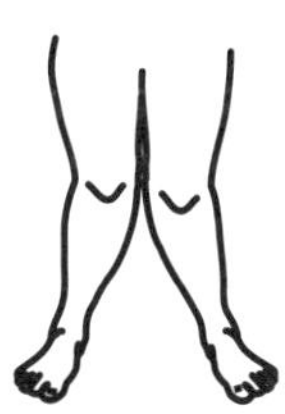

☺ ☹

☺ ☹

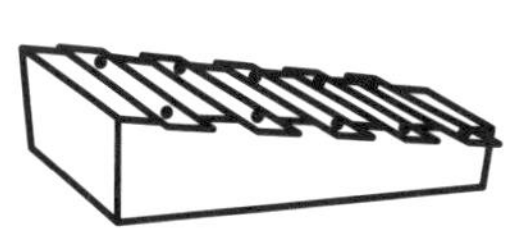

☺ ☹

☺ ☹

1. Setze Y / y ein:

Y o y o

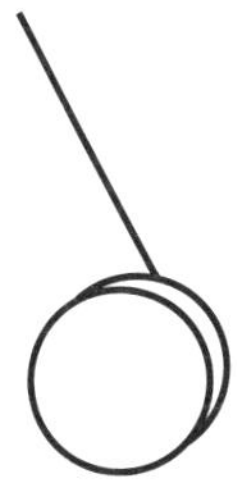

2. Suche Y und y:

X K Y X K X Y X X K Y Y X Y K Y

y v k v y v y v k v k y v k v k v y k v y y k

v k y Y X k K v X Y K x y v x v Y K y

Z

1. Setze Z / z ein:

Zahn Zebra .itrone .elt

  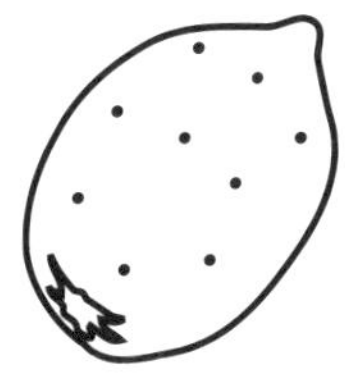 

2. Suche Z und z:

N Z Q N Q Z N Z Z Q N Z N Q Q Z

v n z n v v z v n z z v n v z n v z z n z v v z

Z Q n v N z Q n N v z Z Z N v n N v Z

3. Wo hörst du ein Z / z ?

 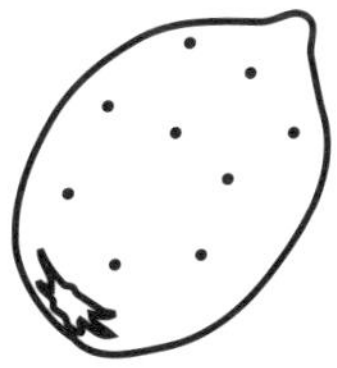    

☺ ☹ ☺ ☹ ☺ ☹ ☺ ☹ ☺ ☹ ☺ ☹

Sch
Sch
Sch
Sch

1. Setze Sch / sch ein:

Schirm   Schaf   ...ere   ...wein

2. Suche Sch und sch:

SchCSHCSchSCSchHCSSchHchS

hcschhhcsschchcschsccschschcs

HhchSchcschsChCschCHcSchCh

3. Wo hörst du ein Sch / sch ?

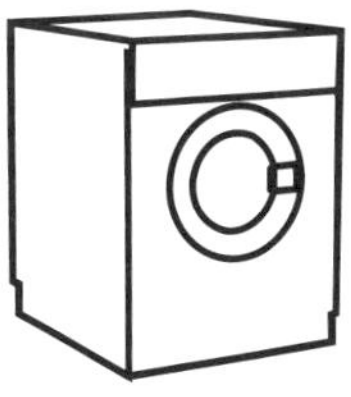
☺ ☹

☺ ☹

☺ ☹

☺ ☹

☺ ☹

Au
Au
Au
Au
Au
Au
Au
Au

Au

1. Setze Au / au ein:

Auge . . to

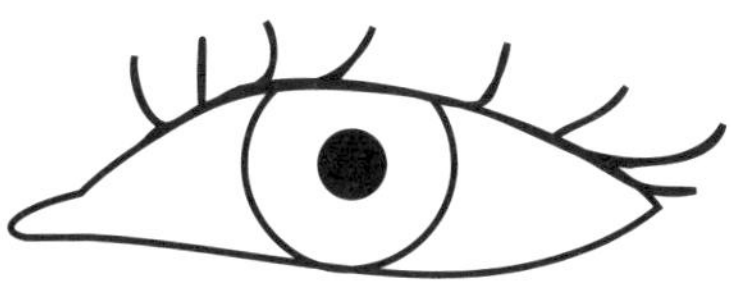

2. Suche Au und au:

UAAuUUUAAUAuUAAuAuUAuAAUUU

auuaaauuauauuauaauaauauauuaaau

UAaaauuUAuUAuauauuaauauaAuAau

3. Wo hörst du ein Au / au ?

Ei

Ei

1. Setze Ei / ei ein:

Eis eins ..chhörnchen ..

2. Suche Ei und ei:

E l l E i l E E i l l E l E i E E i l l E l l l E i E i E E l l l l E l E E i

e i i i e e e i i e i e e i e i e i i e i i e i e i e i i i e i i e e e i i e i e

E i e i E l E E l e l E i l e l e i l E E i e i e i E i i i E E e l e i E l i

3. Wo hörst du ein Ei / ei ?

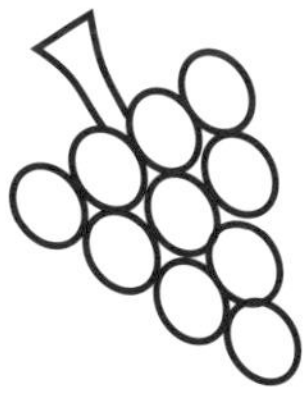

☺ ☹ ☺ ☹ ☺ ☹ ☺ ☹ ☺ ☹ ☺ ☹

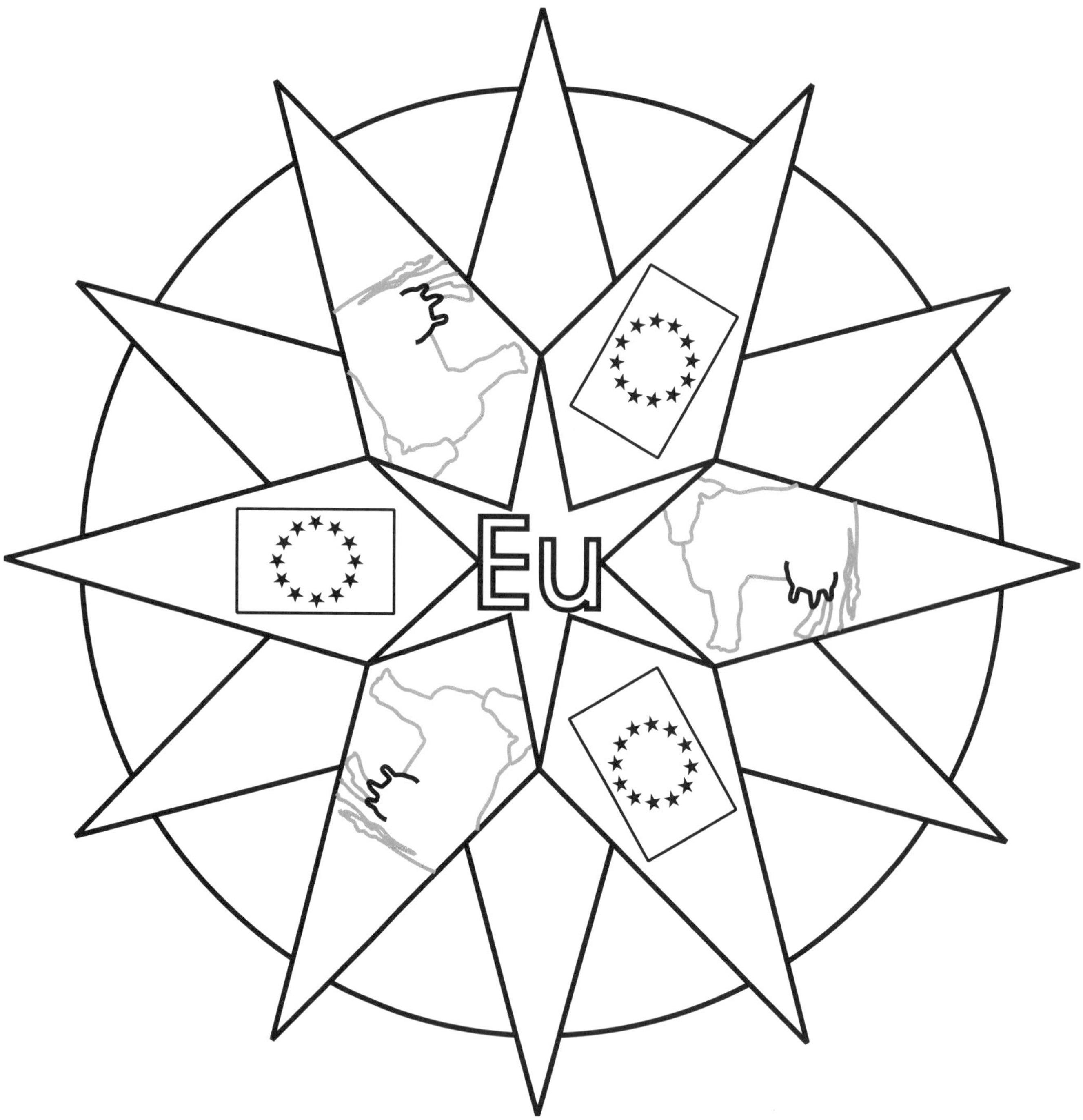
Eu

1. Setze Eu / eu ein:

Euter ..ropa

2. Suche Eu und eu:

EUEuEUEuUEuUUEEuEUEuUUEuEu

euueueeuueuueueueuueuueueuuueeue

uUEueeuEEueUeuEuEuUUEueuEueuu

3. Wo hörst du ein Eu / eu ?